AF273607

Impressum
Verlag: BABADADA GmbH, Nedderfeld 112 , 22529 Hamburg
Geschäftsführer / Verlagsleitung: Harald Hof
Druck: Books on Demand GmbH, In de Tarpen 42, 22848 Norderstedt

Imprint
Publisher: BABADADA GmbH, Nedderfeld 112 , 22529 Hamburg, Germany
Managing Director / Publishing direction: Harald Hof
Print: Books on Demand GmbH, In de Tarpen 42, 22848 Norderstedt

escuela
colegio

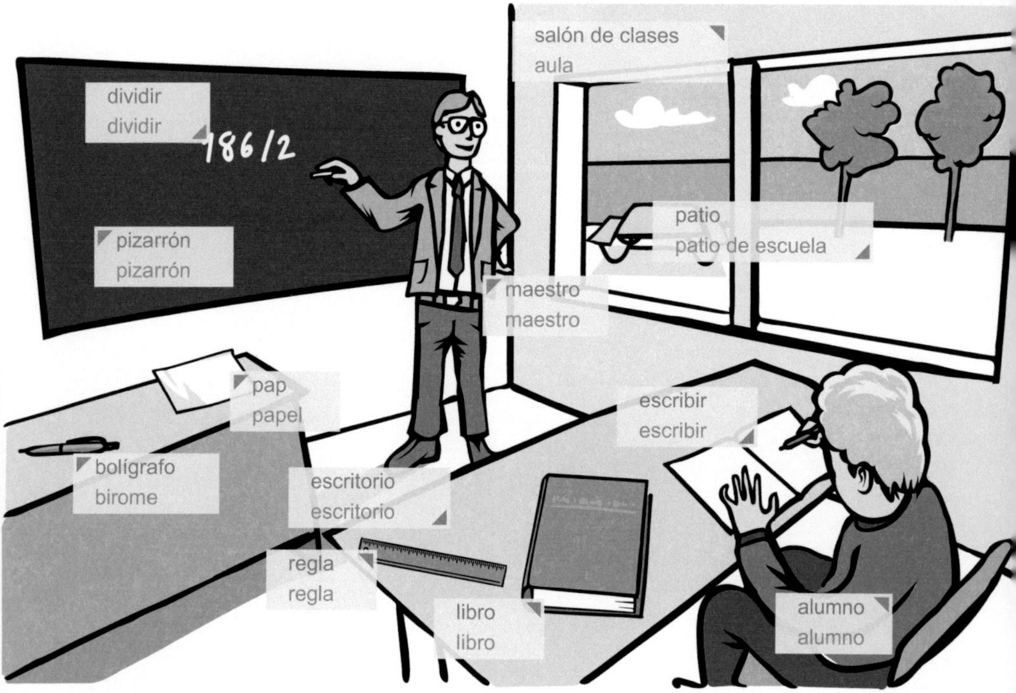
salón de clases
aula
dividir
dividir
186/2
pizarrón
pizarrón
patio
patio de escuela
maestro
maestro
pap
papel
escribir
escribir
bolígrafo
birome
escritorio
escritorio
regla
regla
libro
libro
alumno
alumno

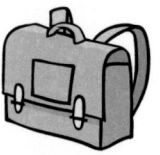

mochila

mochila

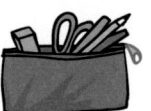

caja de lápices

caja de lápices

lápiz

lápiz

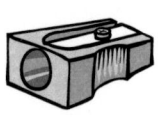

sacapuntas

sacapuntas

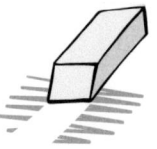

goma de borrar

goma (de borrar)

bloc de dibujo

bloc de dibujo

dibujo

dibujo

pincel

pincel

caja de lápices de color

caja de pinturas

tijeras

tijera

pegamento

pegamento

libro de ejercicios

cuaderno de ejercicios

tarea

tarea

número

número

sumar

sumar

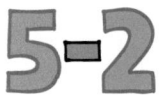

restar

restar

multiplicar

multiplicar

calcular

calcular

letra

letra

alfabeto

abecedario

palabra

palabra

texto

texto

leer

leer

tiza

tiza

lección

lección

cuaderno de clase

cuaderno de clase

examen

examen

certificado

certificado

uniforme

uniforme escolar

educación

educación

enciclopedia

enciclopedia

universidad

universidad

microscopio

microscopio

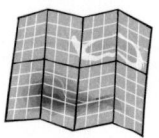

mapa

mapa

bote de basura

tacho (de basura)

viaje
viaje

hotel
hotel
Grand
hostel
hostel
ROOMS
EXCHANGE
casa de cambio
casa de cambio
maleta
valija
carro
auto

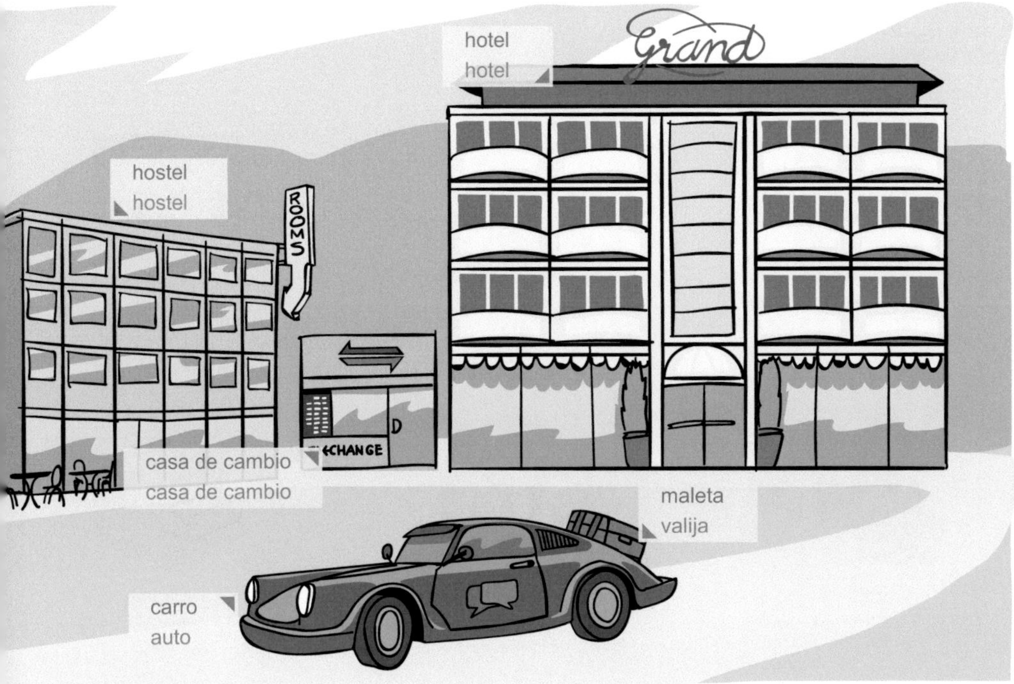

idioma

idioma

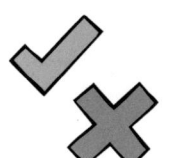

sí / no

sí / no

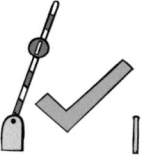

Órale

Está bien

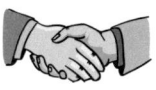

hola

hola

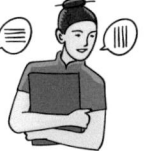

traductor

traductor

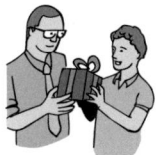

Gracias

Gracias

¿cuánto cuesta…?

¿cuánto cuesta…?

No entiendo

No entiendo

problema

problema

¡Buenas tardes!

¡Buenas tardes!

¡Buenos días!

¡Buenos días!

¡Buenas noches!

¡Buenas noches!

adiós

adiós

dirección

dirección

equipaje

equipaje

bolsa

bolso

mochila

mochila

invitado

invitado

recámara

habitación

bolsa de dormir

bolsa de dormir

tienda de campaña

carpa

información turística

información turística

playa

playa

tarjeta de crédito

tarjeta de crédito

desayuno

desayuno

almuerzo

almuerzo

cena

cena

billete

pasaje

ascensor

ascensor

sello

sello

frontera

frontera

aduana

aduana

embajada

embajada

visa

visa

pasaporte

pasaporte

transporte

transporte

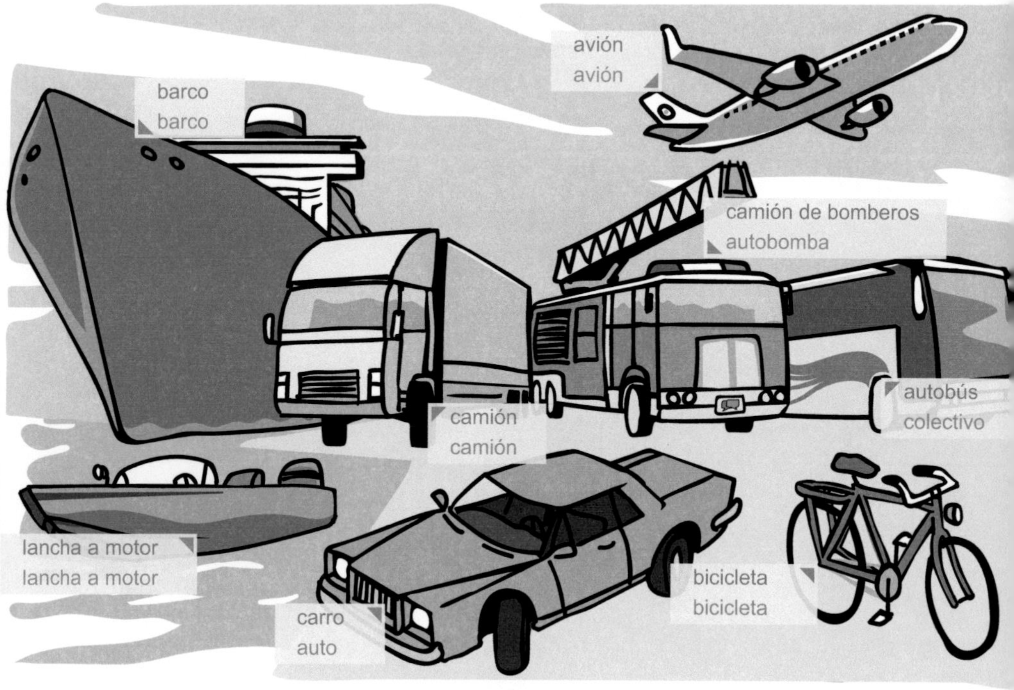

avión
avión
barco
barco
camión de bomberos
autobomba
autobús
colectivo
camión
camión
lancha a motor
lancha a motor
bicicleta
bicicleta
carro
auto

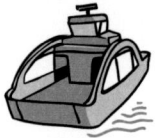

ferry

ferry

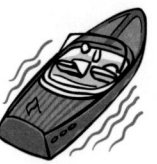

bote

bote

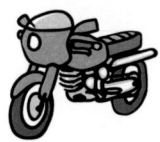

motocicleta

moto

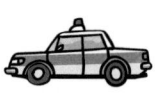

patrulla

patrullero

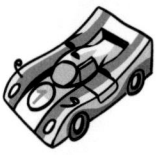

coche de carreras

auto de carreras

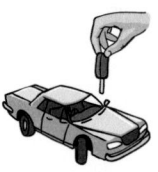

auto para rentar

auto de alquiler

renta de autos

alquiler de autos

grúa

grúa

camión recolector de basura

camión de basura

motor

motor

gasolina

nafta

gasolinera

estación de servicio

señal de tráfico

señal de tránsito

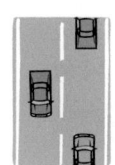

tránsito

tránsito

embotellamiento

embotellamiento

aparcamiento

estacionamiento

estación de tren

estación de tren

vías

vías

tren

tren

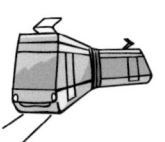

tranvía

tranvía

vagón

vagón

helicóptero

helicóptero

aeropuerto

aeropuerto

torre

torre

pasajero

pasajero

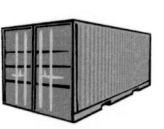

contenedor

contenedor

caja de cartón

caja de cartón

carretilla

carretilla

cesta

canasta

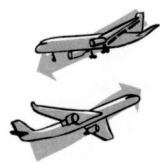

despegar / aterrizar

despegar / aterrizar

ciudad
ciudad

pueblo

pueblo

centro de ciudad

centro de ciudad

casa

casa

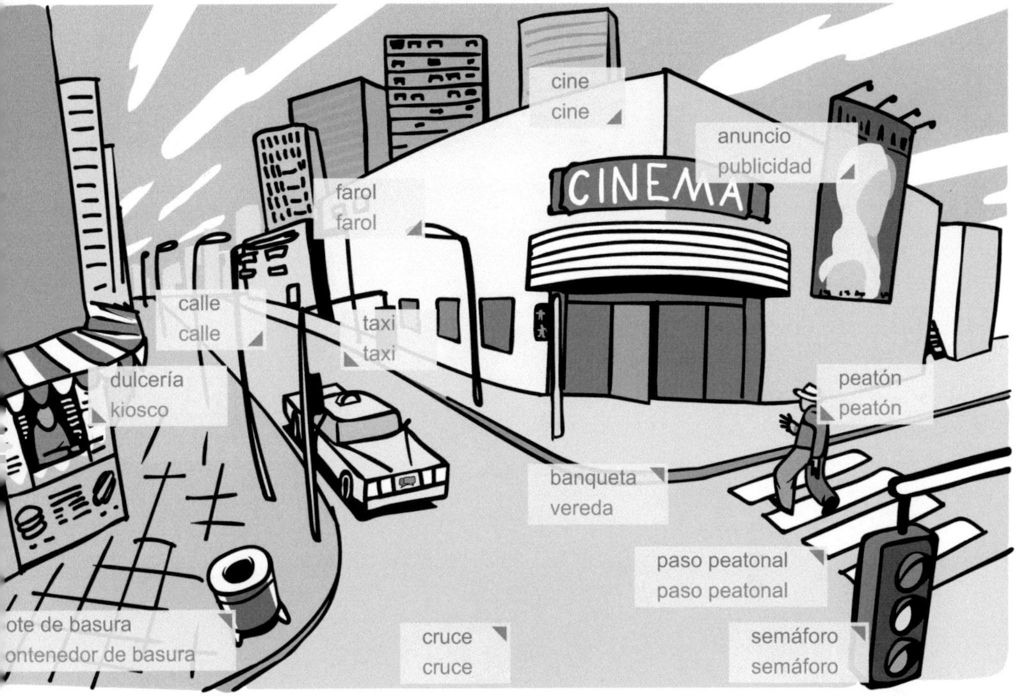

cine
cine

anuncio
publicidad

farol
farol

CINEMA

calle
calle

taxi
taxi

dulcería
kiosco

peatón
peatón

banqueta
vereda

paso peatonal
paso peatonal

ote de basura
ontenedor de basura

cruce
cruce

semáforo
semáforo

cabaña

cabaña

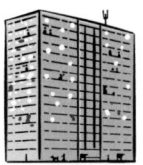

apartamento

departamento

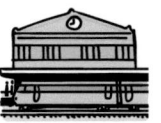

estación de tren

estación de tren

ayuntamiento

municipalidad

museo

museo

escuela

colegio

ciudad - ciudad

11

universidad

universidad

banco

banco

hospital

hospital

hotel

hotel

farmacia

farmacia

oficina

oficina

librería

librería

tienda

negocio

florería

florería

supermercado

supermercado

mercado

mercado

grandes tiendas

grandes tiendas

pescadería

pescadería

centro comercial

centro comercial

puerto

puerto

parque

parque

banco

banco

puente

puente

escaleras

escaleras

metro

subte

túnel

túnel

parada de autobús

parada del colectivo

bar

bar

restaurante

restaurante

buzón

buzón

letrero

letrero

parquímetro

parquímetro

zoológico

zoológico

alberca

pileta

mezquita

mezquita

granja

granja

contaminación

contaminación

cementerio

cementerio

iglesia

iglesia

área de niños

juegos infantiles

templo

templo

paisaje

paisaje

hoja
hoja

señal
poste indicador

camino
camino

pradera
pradera

piedra
piedra

árbol
árbol

caminante
excursionista

río
río

pasto
hierba

flor
flor

valle

valle

montaña

montaña

lago

lago

bosque

bosque

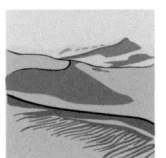

desierto

desierto

volcán

volcán

castillo

castillo

arco iris

arco iris

champiñón

champiñón

palmera

palmera

mosquito

mosquito

mosca

mosca

hormiga

hormiga

abeja

abeja

araña

araña

escarabajo

escarabajo

rana

rana

ardilla

ardilla

erizo

erizo

liebre

liebre

lechuza

lechuza

pájaro

pájaro

cisne

cisne

jabalí

jabalí

ciervo

ciervo

alce

alce

embalse

presa

turbina eólica

aerogenerador

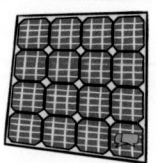

pansolar

panel solar

clima

clima

restaurante
restaurante

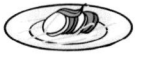

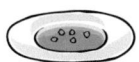

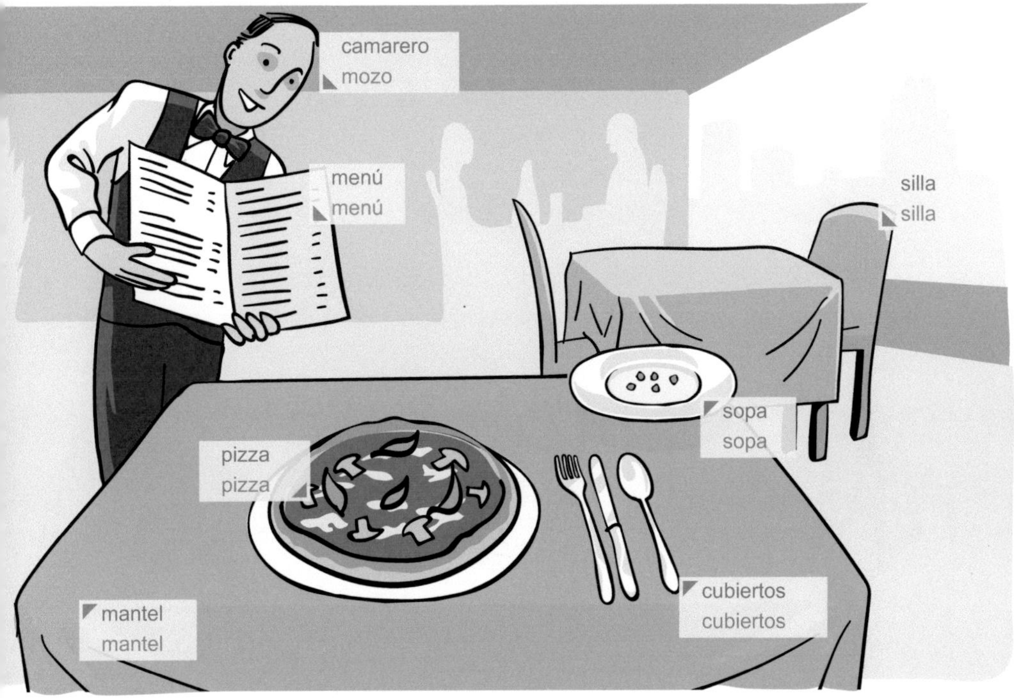
camarero
mozo
menú
menú
silla
silla
sopa
sopa
pizza
pizza
cubiertos
cubiertos
mantel
mantel

entrada
entrada

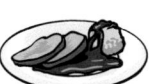

plato fuerte
plato principal

postre
postre

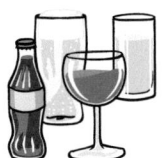

bebidas
bebidas

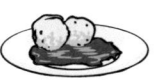

comida
comida

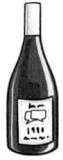

botella
botella

comida rápida

comida rápida

comida de calle

comida callejera

tetera

tetera

azucarera

azucarera

porción

porción

cafetera espresso

cafetera expreso

periquera

sillita alta

cuenta

cuenta

charola

bandeja

cuchillo

cuchillo

tenedor

tenedor

cuchara

cuchara

cuchara de té

cucharita

servilleta

servilleta

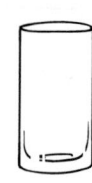

vaso

vaso

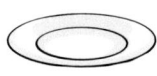

plato

plato

plato hondo

plato hondo

plato

plato

salsa

salsa

salero

salero

molino para pimienta

molinillo de pimienta

vinagre

vinagre

aceite

aceite

especias

especias

kétchup

kétchup

mostaza

mostaza

mayonesa

mayonesa

supermercado
supermercado

oferta especial
oferta especial
FOR
cliente
cliente
productos lácteos
lácteos
fruta
fruta
carrito para compras
changuito

BUTCHERS

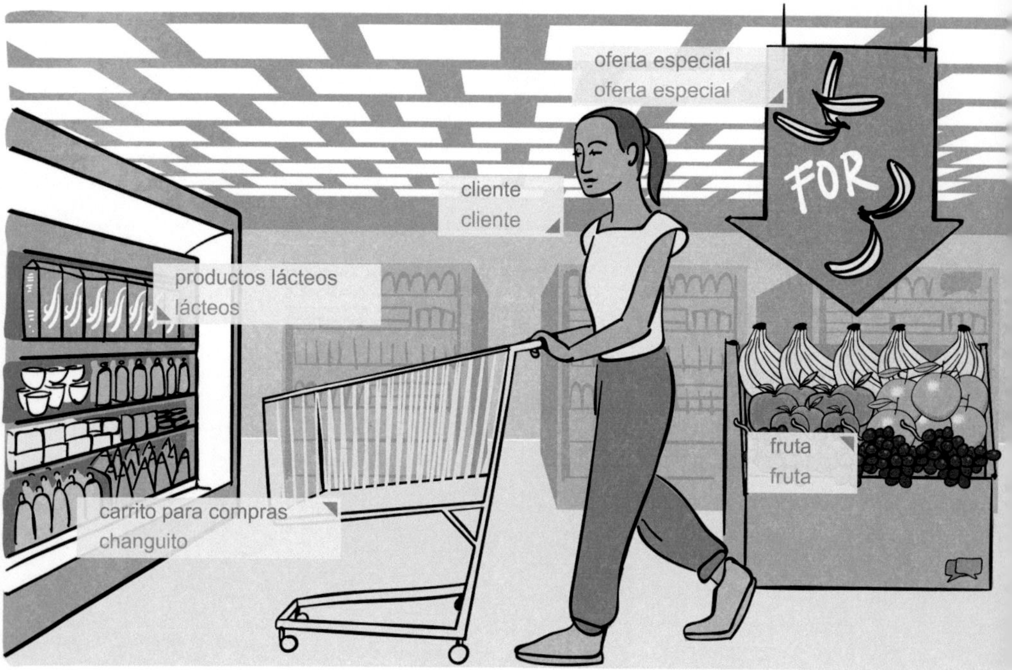

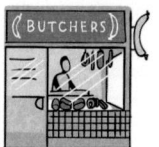

carnicería

carnicería

BAKERY

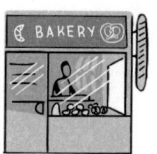

panadería

panadería

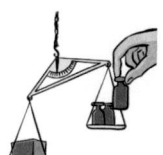

pesar

pesar

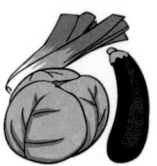

vegetales

verduras

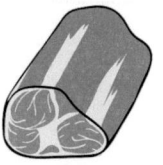

carne

carne

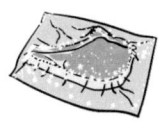

alimentos congelados

alimentos congelados

carnes frías

fiambres

alimentos enlatados

alimentos enlatados

detergente en polvo

detergente en polvo

dulces

golosinas

electrodomésticos

electrodomésticos

productos de limpieza

productos de limpieza

vendedora

vendedora

caja

caja

cajero

cajero

lista de compras

lista de compras

horario de atención al público

horario de atención

cartera

billetera

tarjeta de crédito

tarjeta de crédito

bolsa

cartera

bolsa de plástico

bolsa de plástico

bebidas

agua

agua

jugo

jugo

leche

leche

refresco de cola

bebida cola

vino

vino

cerveza

cerveza

alcohol

alcohol

cacao

cacao

té

té

café

café

espresso

café expreso

cappuccino

cappuccino

plátano

banana

manzana

manzana

naranja

naranja

melón

melón

limón

limón

zanahoria

zanahoria

ajo

ajo

bambú

bambú

cebolla

cebolla

champiñón

champiñón

nueces

nueces

fideos

fideos

espaguetis

tallarines

arroz

arroz

ensalada

ensalada

patatas fritas

papas fritas

patatas fritas

papas fritas

pizza

pizza

hamburguesa

hamburguesa

emparedado

sándwich

filete

churrasco

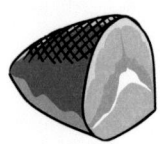

jamón

jamón

salami

salame

salchicha

salchicha

pollo

pollo

asado

asado

pescado

pescado

copos de avena
copos de avena

muesli
muesli

copos de maíz
copos de maíz

harina
harina

cuernito
medialuna

bolillo
pancito

pan
pan

tostada
tostada

galletas
galletitas

mantequilla
manteca

cuajada
cuajada

pastel
torta

huevo
huevo

huevo frito
huevo frito

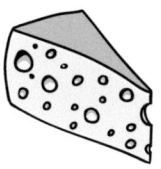

queso
queso

helado

helado

azúcar

azúcar

miel

miel

mermelada

mermelada

crema de chocolate

pasta de chocolate

curry

curry

comida - comida

granja
granja

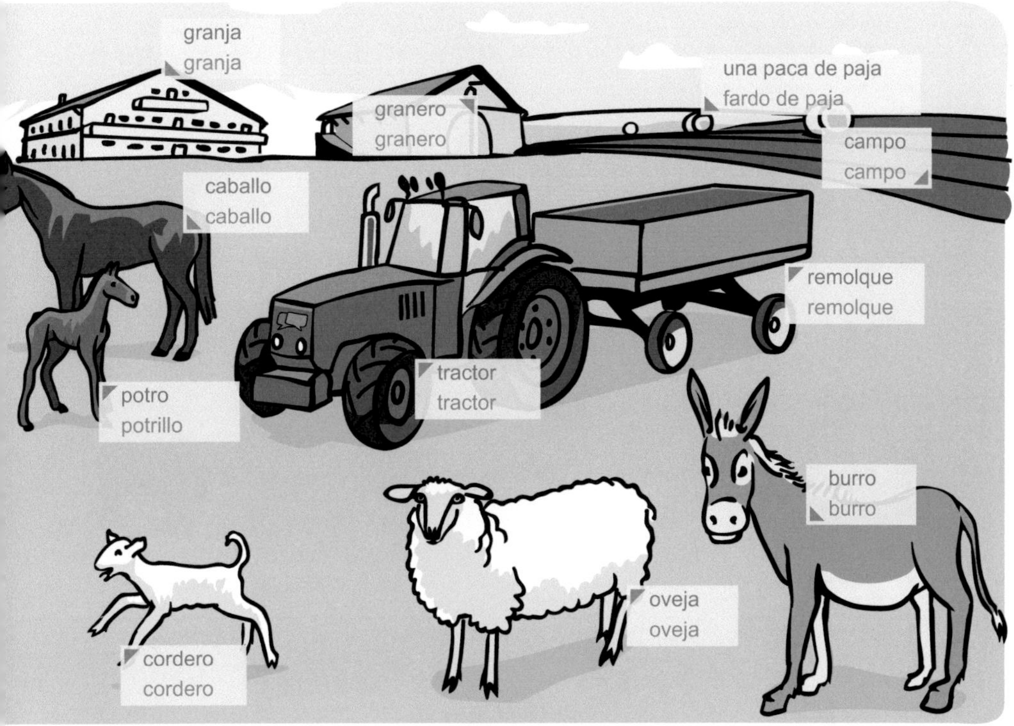
granja
granja
una paca de paja
fardo de paja
granero
granero
campo
campo
caballo
caballo
remolque
remolque
tractor
tractor
potro
potrillo
burro
burro
oveja
oveja
cordero
cordero

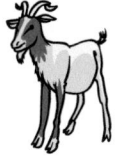

cabra

cabra

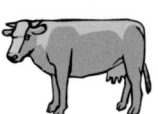

vaca

vaca

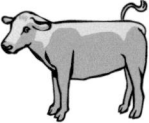

ternero

ternero

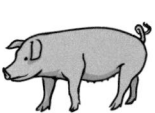

cerdo

cerdo

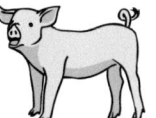

lechón

lechón

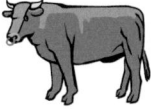

toro

toro

ganso

ganso

pato

pato

gallina

gallina

gallo

gallo

rata

rata

gato

gato

ratón

ratón

buey

buey

perro

perro

casa dperro

cucha

manguera

manguera

regadera

regadera

guadaña

guadaña

arado

arado

pollo

pollo

hoz

hoz

azadón

azada

horquilla

horquilla

hacha

hacha

carretilla

carretilla

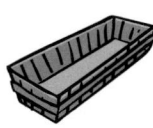

bebedero

abrevadero

bote de leche

lechera

saco

bolsa

valla

reja

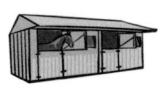

establo

establo

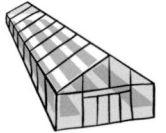

invernadero

invernadero

suelo

suelo

semilla

semilla

fertilizador

fertilizador

cosechadora

cosechadora

granja - granja

cosechar

cosechar

cosecha

cosecha

camote

batatas

trigo

trigo

soja

soja

patata

papa

maíz

maíz

semilde colza

semilla de colza

árbol frutal

árbol frutal

mandioca

mandioca

cereales

cereales

casa
casa

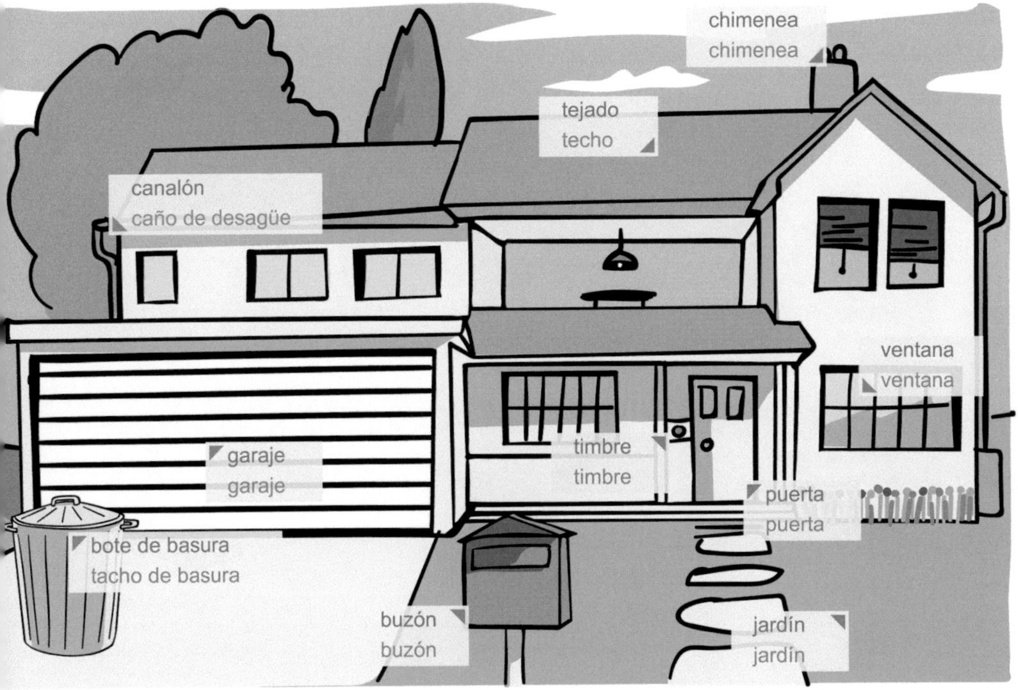
chimenea
chimenea
tejado
techo
canalón
caño de desagüe
ventana
ventana
timbre
timbre
garaje
garaje
puerta
puerta
bote de basura
tacho de basura
buzón
buzón
jardín
jardín

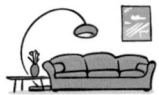

estancia

living

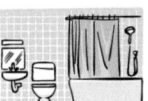

baño

baño

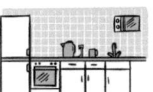

cocina

cocina

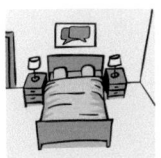

recámara

dormitorio

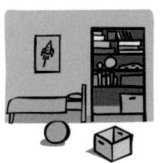

recámara de los niños

cuarto de los chicos

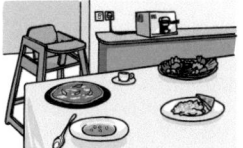

comedor

comedor

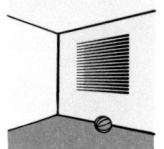

suelo
piso

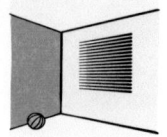

pared
pared

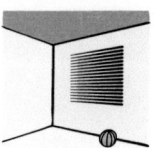

techo
cielorraso

sótano
sótano

sauna
sauna

balcón
balcón

terraza
terraza

alberca
pileta

cortacésped
cortadora de pasto

sábana
sábana

colcha
acolchado

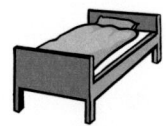

cama
cama

escoba
escoba

balde
balde

interruptor
interruptor

estancia
living

pappara empapelar
empapelado
imagen
imagen
lámpara
lámpara
estante
estante
alacena
armario
televisión
televisión
chimenea
chimenea
flor
flor
cojín
almohadón
sofá
sofá
florero
florero
control remoto
control remoto

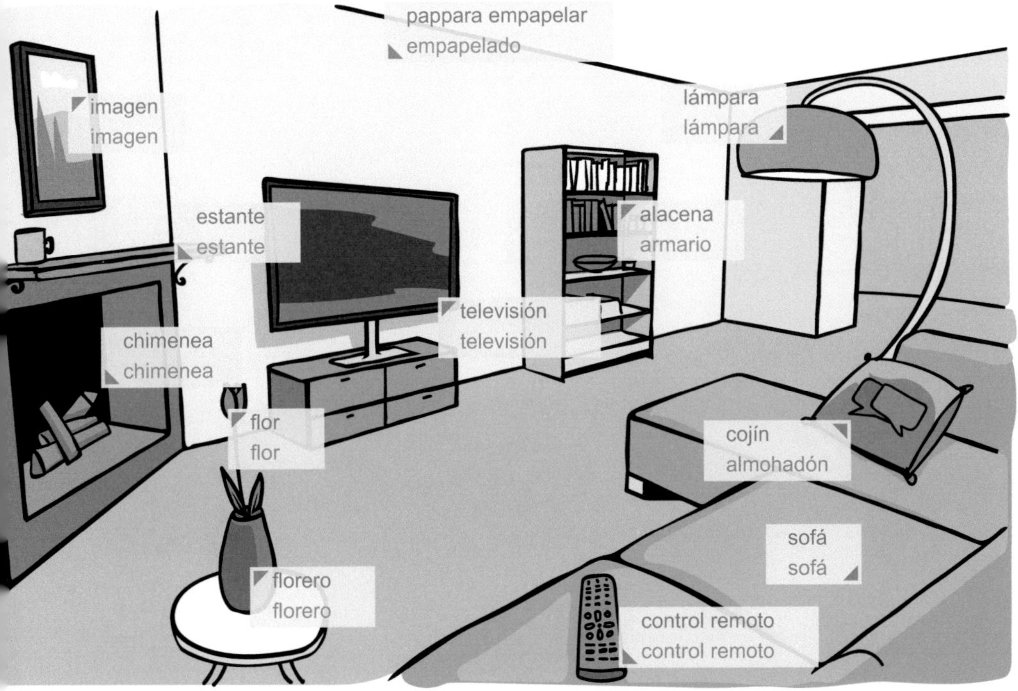

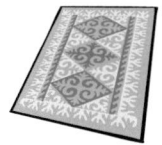

alfombra
alfombra

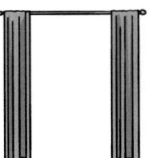

cortina
cortina

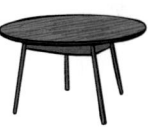

mesa
mesa

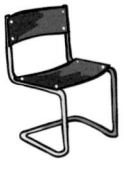

silla
silla

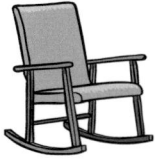

mecedora
mecedora

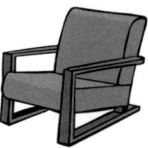

sillón
sillón

libro

libro

frazada

frazada

decoración

decoración

leña

leña

película

película

equipo de música

equipo de música

llave

llave

periódico

diario

pintura

pintura

póster

póster

radio

radio

cuaderno

cuaderno

aspiradora

aspiradora

cactus

cactus

vela

vela

cocina

cocina

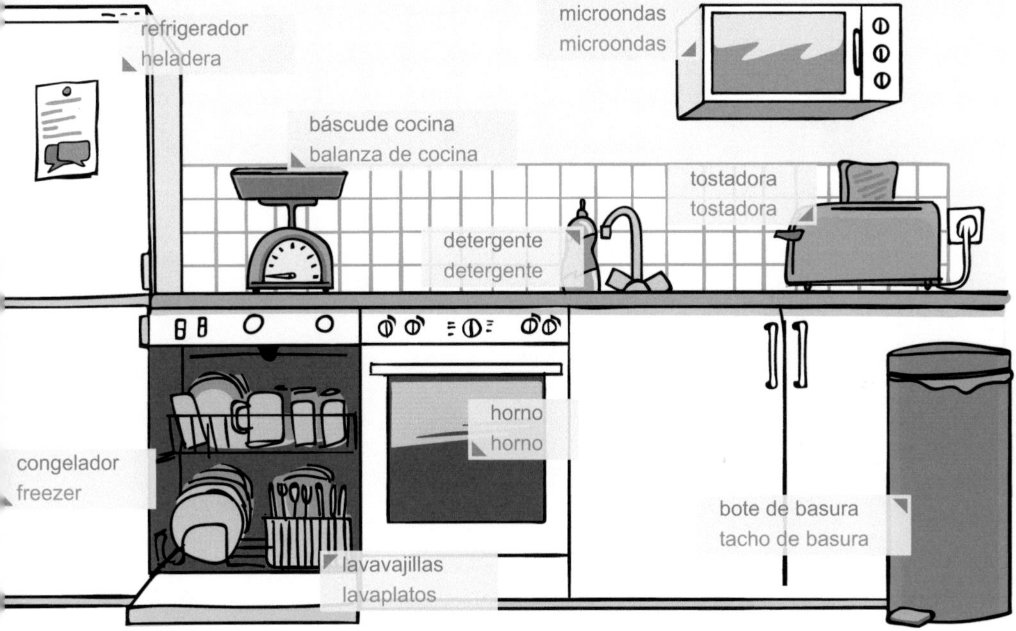
refrigerador
heladera
microondas
microondas
báscude cocina
balanza de cocina
tostadora
tostadora
detergente
detergente
horno
horno
congelador
freezer
bote de basura
tacho de basura
lavavajillas
lavaplatos

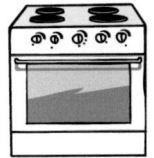

opresión

cocina

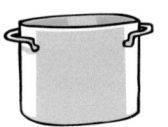

olla

olla

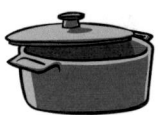

olde hierro fundido

olla de hierro fundido

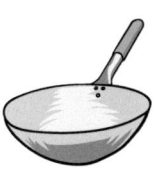

wok

wok

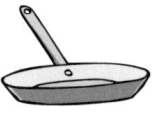

sartén

sartén

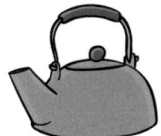

hervidor

pava

vaporera

vaporera

charode horno

bandeja de horno

loza

vajilla

taza

taza

bol

bol

palillos

palitos

cucharón

cucharón

espátula

estpátula

batidora

batidora

colador

colador

colador

colador

rallador

rallador

mortero

mortero

barbacoa

parrilla

fogata

fogata

cocina - cocina

tabpara picar

tabla de picar

rodillo para amasar

palo de amasar

sacacorchos

sacacorchos

lata

lata

abrelatas

abrelatas

guante de cocina

manopla

fregadero

pileta

cepillo

cepillo

esponja

esponja

batidora

batidora

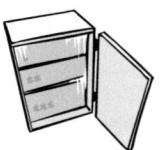

congelador

congelador

biberón

mamadera

llave

canilla

baño
baño

calefacción
calefacción
ducha
ducha
toalla
toalla
cortina de ducha
cortina de ducha
baño de espuma
baño de espuma
tina
bañadera
vaso
vaso
lavadora
lavarropas
llave
canilla
baldosas
baldosas
bacinica
pelela
fregadero
pileta

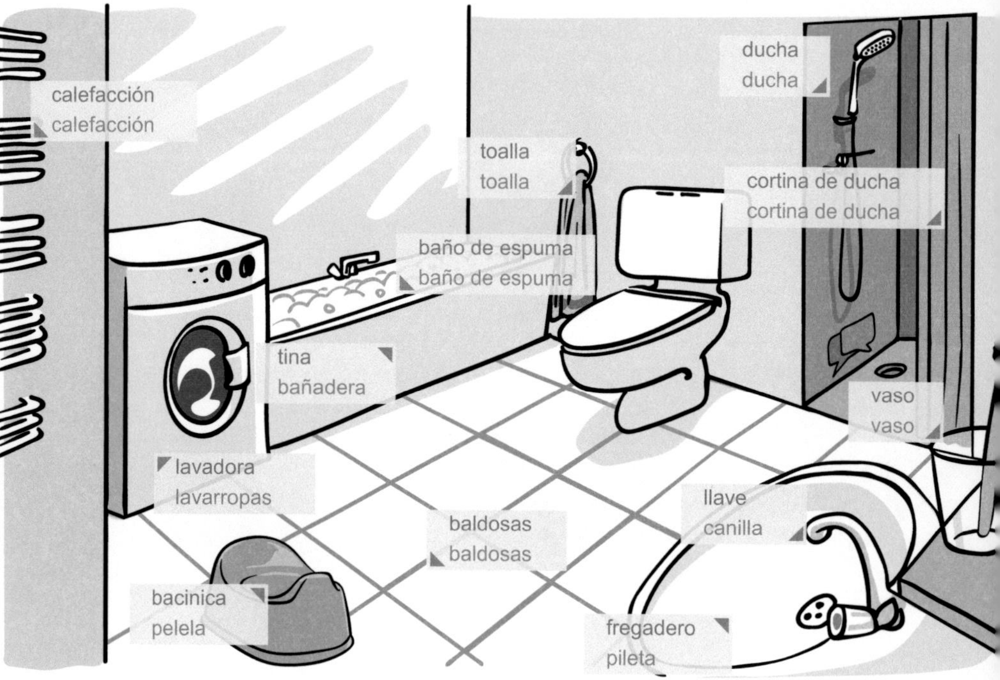

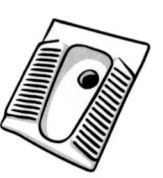

inodoro

inodoro

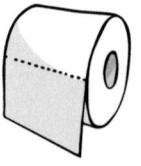

letrina

letrina

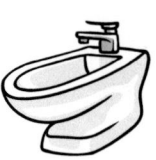

bidé

bidé

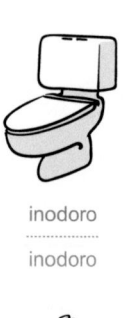

mingitorio

mingitorio

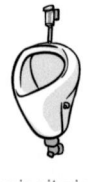

paphigiénico

papel higiénico

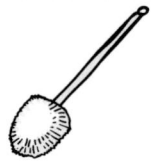

cepillo para baño

cepillo para el inodoro

cepillo de dientes

cepillo de dientes

pasta dental

dentífrico

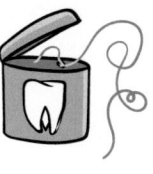

hilo dental

hilo dental

lavar

lavar

ducha de mano

ducha de mano

ducha vaginal

ducha higiénica

fregadero

palangana

cepillo de espalda

cepillo para espalda

jabón

jabón

gde ducha

gel de ducha

champú

shampoo

toallita

toallita

drenaje

desagüe

crema

crema

desodorante

desodorante

espejo

espejo

espejo de tocador

espejito

máquina para afeitar

maquinita de afeitar

espuma de afeitar

espuma de afeitar

loción para después de afeitar

aftershave

peine

peine

cepillo

cepillo

secadora

secador de pelo

laca

spray

maquillaje

maquillaje

lápiz labial

lápiz de labios

esmalte para uñas

esmalte para uñas

algodón

algodón

tijeras para uñas

tijera para uñas

perfume

perfume

stuche para cosméticos
portacosméticos

taburete
banqueta

báscula
balanza

bata
bata

guantes de goma
guantes de goma

tampón
tampón

toalsanitaria
toallita femenina

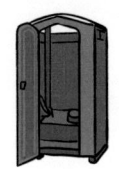

baño móvil
baño químico

recámara de los niños
cuarto de los chicos

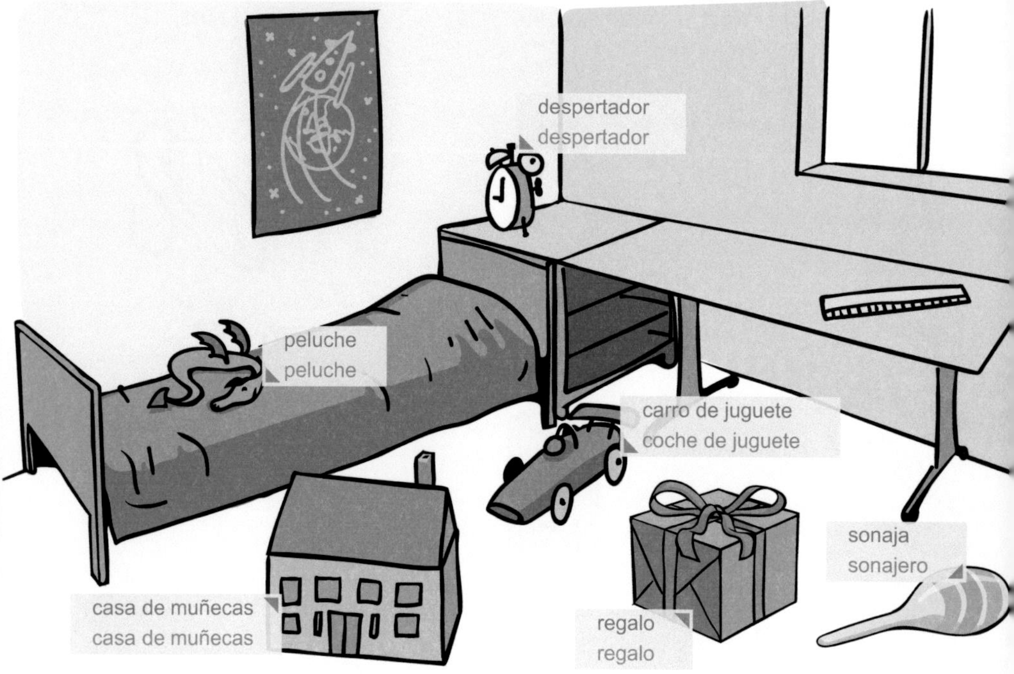
despertador
despertador
peluche
peluche
carro de juguete
coche de juguete
sonaja
sonajero
casa de muñecas
casa de muñecas
regalo
regalo

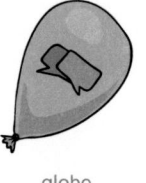

globo
globo

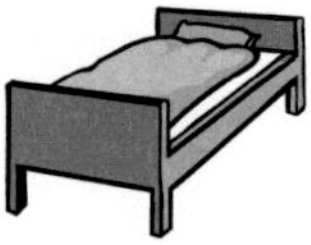

cama
cama

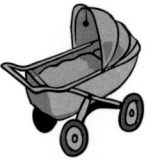

carriola
cochecito

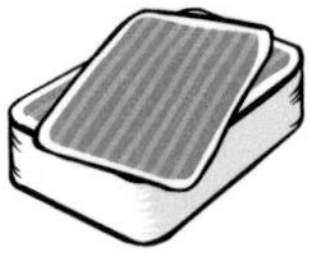

cartas
cartas

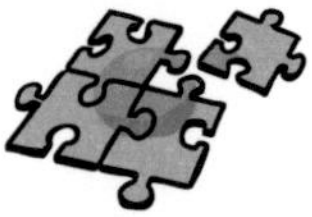

rompecabezas
rompecabezas

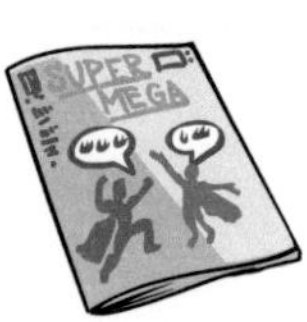
SUPER MEGA

cómic
historieta

piezas de lego
piezas de lego

bloques para jugar
ladrillos de juguete

figura de acción
figura de acción

mameluco
enterito (de bebé)

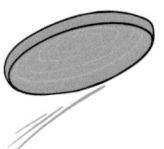

frisbee
frisbee

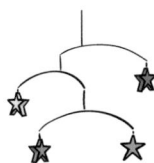

móvil para bebés
móvil para bebés

juego de mesa
juego de mesa

dados
dados

tren eléctrico
tren eléctrico

maniquí
chupete

fiesta
fiesta

álbum de fotos
libro de cuentos ilustrado

balón
pelota

muñeca
muñeca

jugar
jugar

arenero

arenero

columpio

hamaca

juguetes

juguetes

consode videojuegos

consola de videojuegos

triciclo

triciclo

oso de peluche

osito de peluche

clóset

armario

ropa

ropa

calcetines

medias

pantimedias

medias panty

mallas

calzas

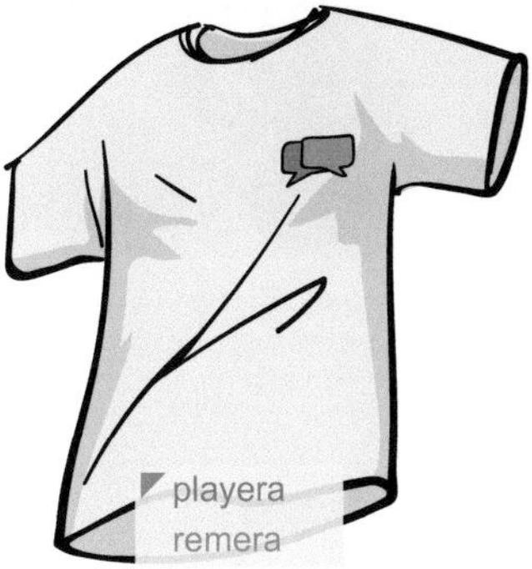

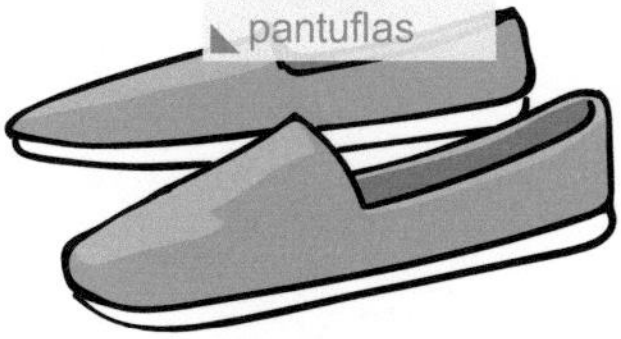

bufanda
bufanda

paraguas
paraguas

cinto
cinturón

playera
remera

botas
botas

chanclas
pantuflas

tenis
zapatillas

sandalias
sandalias

zapatos
zapatos

botas de goma
botas de goma

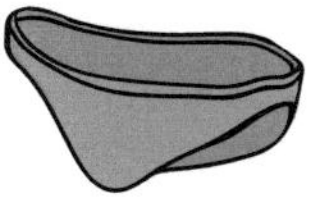

ropa interior
ropa interior

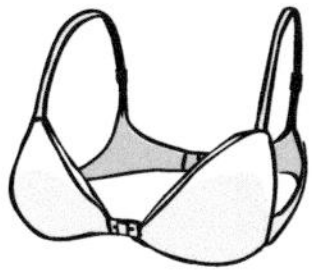

brasier
corpiño

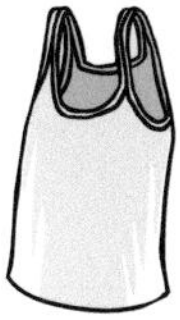

chaleco
chaleco

body

body

pantalones

pantalones

pantalones de mezclilla

jeans

falda

pollera

blusa

blusa

camisa

camisa

suéter

pulóver

sudadera

buzo

saco sport

blazer

chamarra

campera

abrigo

tapado

impermeable

piloto

traje

traje

vestido

vestido

vestido de novia

vestido de novia

traje

traje

camisón

camisón

pijama

pijama

sari

sari

pañuelo para cabeza

pañuelo para cabeza

turbante

turbante

burka

burka

caftán

caftán

abaya

abaya

traje de baño

traje de baño

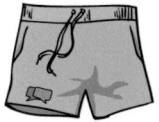

short de baño

short de baño

shorts

shorts

pants

jogging

delantal

delantal

guantes

guantes

botón
botón

gafas
anteojos

brazalete
pulsera

collar
collar

anillo
anillo

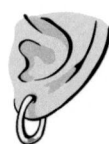

arete
aro

gorra
gorra

gancho
percha

sombrero
sombrero

corbata
corbata

cierre
cierre

casco
casco

tirantes
tiradores

uniforme
uniforme escolar

uniforme
uniforme

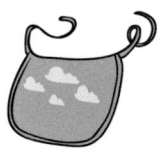

babero

babero

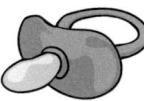

maniquí

chupete

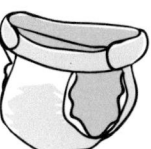

pañal

pañal

oficina

oficina

servidor
servidor
archivo
archivero
impresora
impresora
pap
papel
monitor
monitor
mouse
mouse
escritorio
escritorio
carpeta
carpeta
teclado
teclado
bote de basura
tacho (de basura)
computadora
computadora
silla
silla

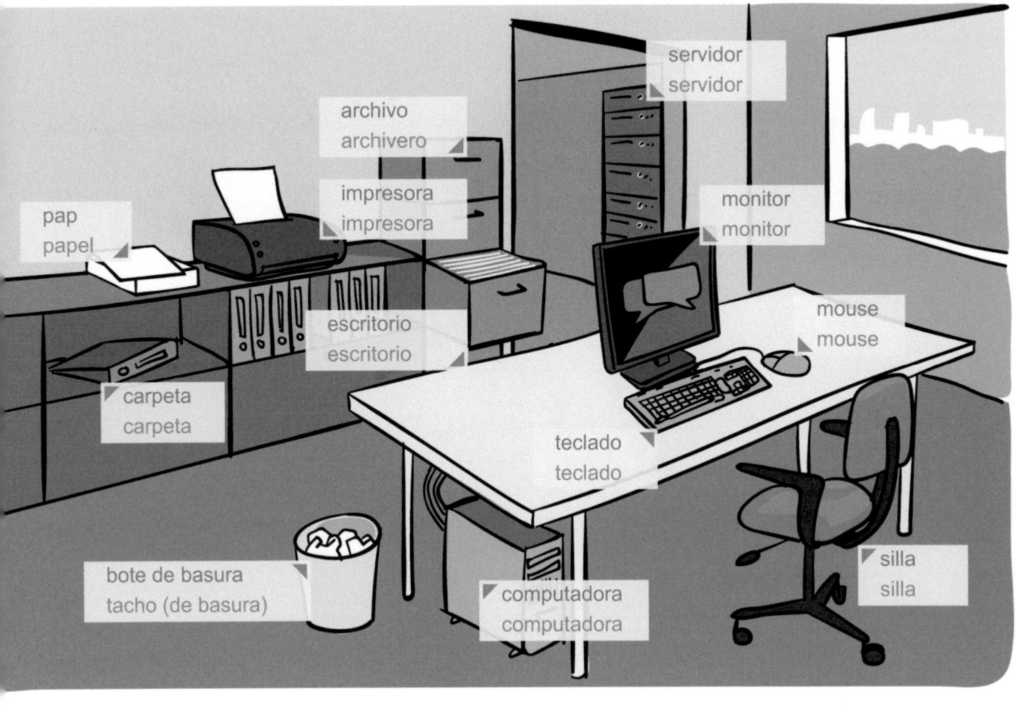

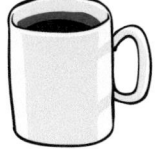

taza de café

taza de café

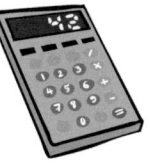

calculadora

calculadora

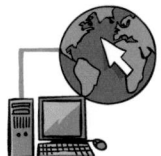

internet

internet

notebook

laptop

carta

carta

mensaje

mensaje

móvil

celular

red

red

fotocopiadora

fotocopiadora

software

software

teléfono

teléfono

tomacorriente

tomacorriente

fax

fax

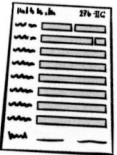

formulario

formulario

documento

documento

comprar
comprar

pagar
pagar

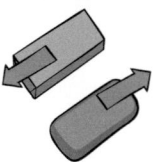

hacer negocios
hacer negocios

dinero
dinero

USD

dólar
dólar

EUR

euro
euro

JPY

yen
yen

RUB

rublo
rublo

CHF

franco suizo
franco suizo

CNY

yuan
yuan

INR

rupia
rupia

cajero automático
cajero automático

casa de cambio

casa de cambio

oro

oro

plata

plata

petróleo

petróleo

energía

energía

precio

precio

contrato

contrato

impuesto

impuesto

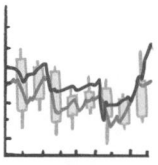

acción

acción

trabajar

trabajar

empleado

empleado

empleador

empleador

fábrica

fábrica

tienda

negocio

ocupaciones
ocupaciones

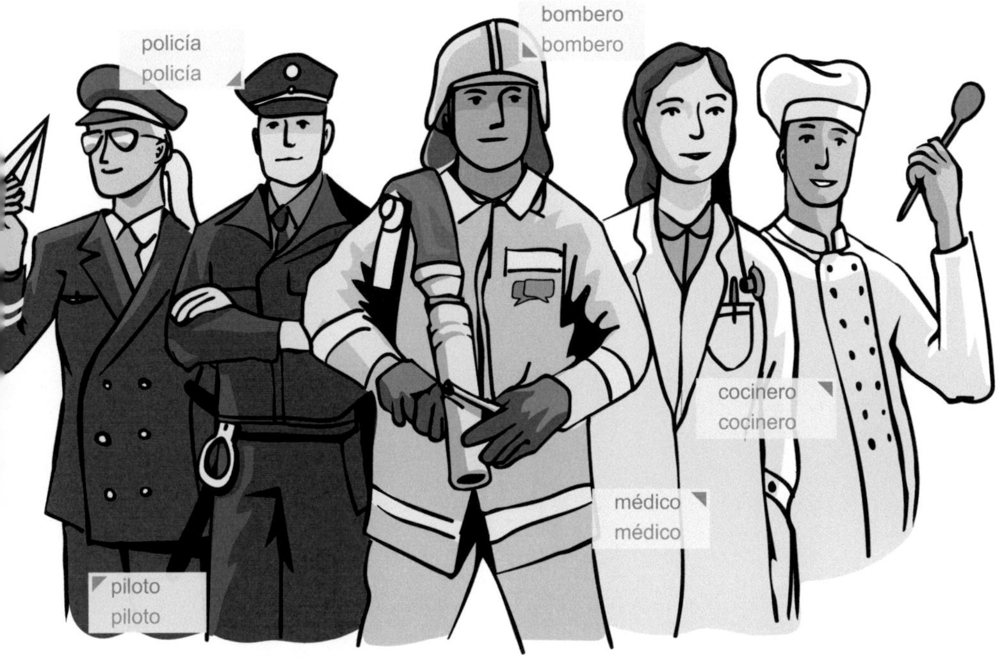
policía
policía
bombero
bombero
cocinero
cocinero
médico
médico
piloto
piloto

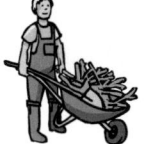

jardinero

jardinero

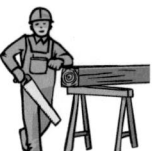

carpintero

carpintero

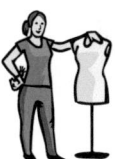

costurera

modista

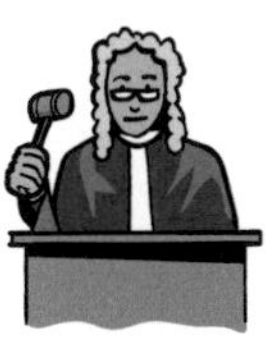

juez

juez

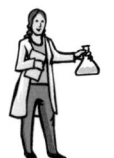

farmacéutico

farmacéutico

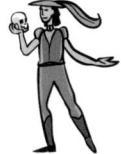

actor

actor

conductor de autobús

colectivero

taxista

taxista

pescador

pescador

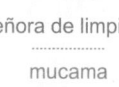

señora de limpieza

mucama

instalador de techos

techista

camarero

mozo

cazador

cazador

pintor

pintor

panadero

panadero

electricista

electricista

obrero

albañil

ingeniero

ingeniero

carnicero

carnicero

plomero

plomero

cartero

cartero

soldado

soldado

arquitecto

arquitecto

cajero

cajero

florista

florista

peluquero

peluquero

cobrador

cobrador

mecánico

mecánico

capitán

capitán

dentista

dentista

científico

científico

rabino

rabino

imán

imán

monje

monje

sacerdote

sacerdote

herramientas
herramientas

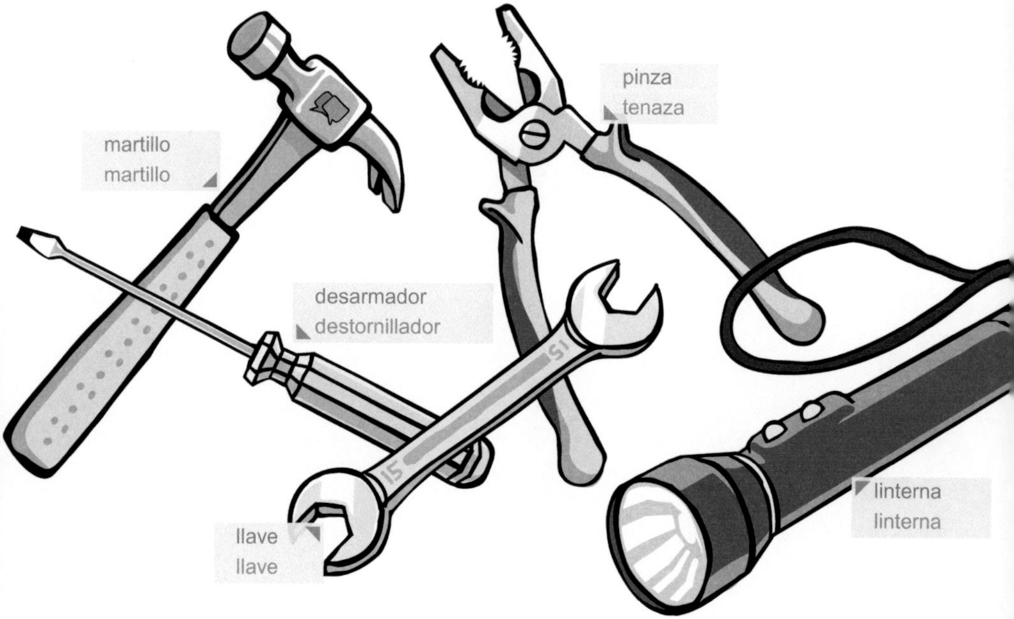
martillo
martillo
pinza
tenaza
desarmador
destornillador
llave
llave
linterna
linterna

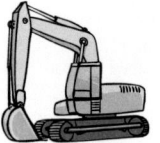

excavadora

excavadora

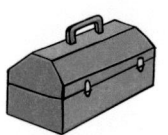

caja de herramientas

caja de herramientas

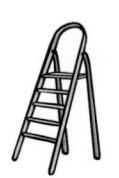

escalera de mano

escalera portátil

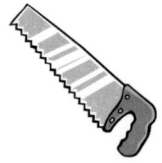

sierra

sierra

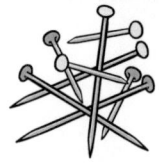

clavos

clavos

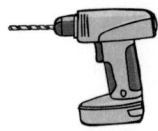

taladro

taladro

reparar
arreglar

pala
pala de jardín

¡Maldición!
¡Qué bronca!

recogedor
pala de plástico

bote de pintura
tacho de pintura

tornillos
tornillos

instrumentos musicales
instrumentos musicales

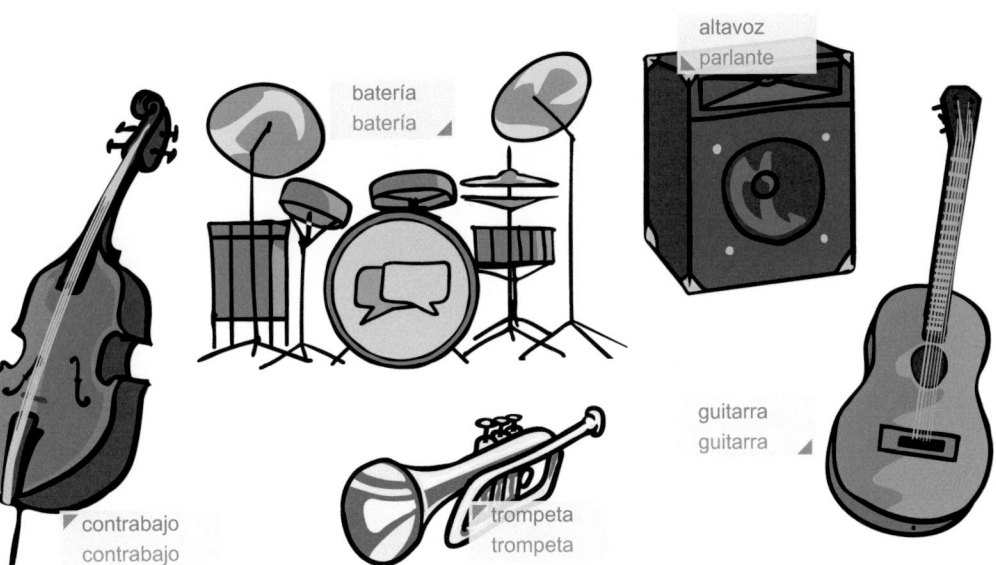

altavoz
parlante

batería
batería

contrabajo
contrabajo

trompeta
trompeta

guitarra
guitarra

piano

piano

violín

violín

bajo

bajo

timbales

timbales

tambor

tambor

teclado

teclado

saxofón

saxofón

flauta

flauta

micrófono

micrófono

zoológico
zoológico

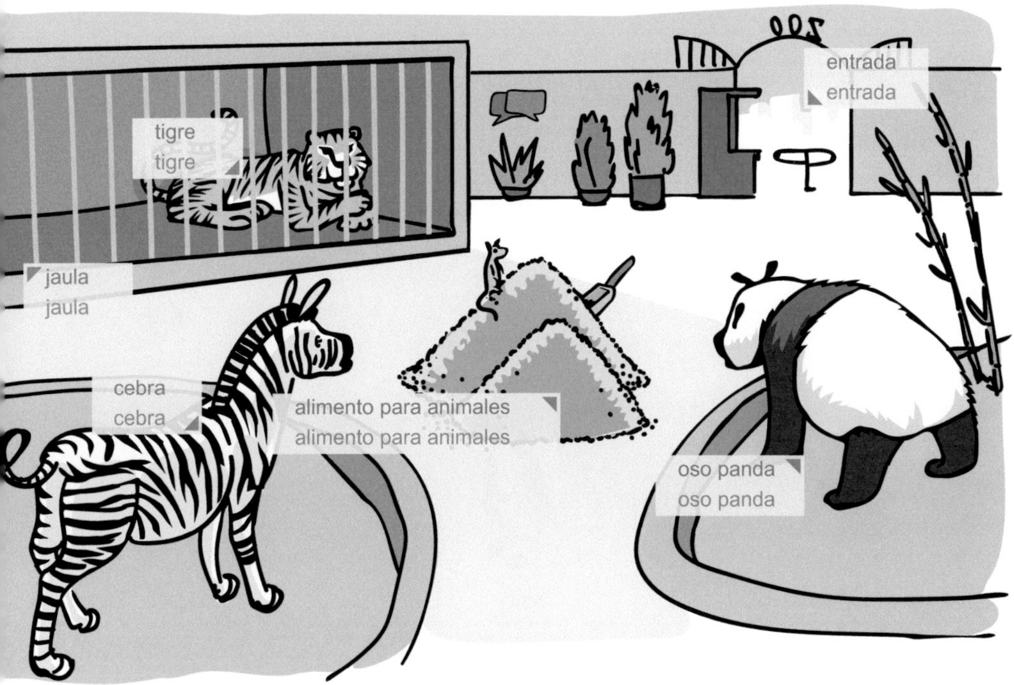

zoo
entrada
entrada
tigre
tigre
jaula
jaula
cebra
cebra
alimento para animales
alimento para animales
oso panda
oso panda

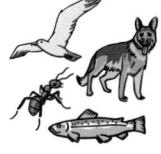

animales
animales

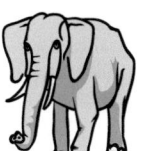

elefante
elefante

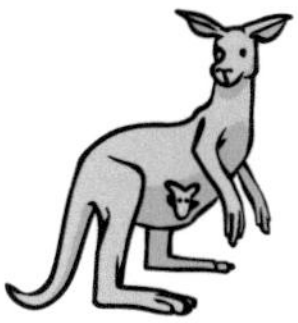
canguro
canguro

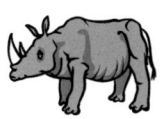

rinoceronte
rinoceronte

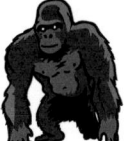

gorila
gorila

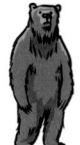

oso
oso

camello

camello

avestruz

avestruz

león

león

mono

mono

flamenco

flamenco

loro

loro

oso polar

oso polar

pingüino

pingüino

tiburón

tiburón

pavo real

pavo real

serpiente

serpiente

cocodrilo

cocodrilo

guardián de zoológico

cuidador del zoológico

foca

foca

jaguar

jaguar

poni

poni

leopardo

leopardo

hipopótamo

hipopótamo

jirafa

jirafa

águila

águila

jabalí

jabalí

pescado

pescado

tortuga

tortuga

morsa

morsa

zorro

zorro

gacela

gacela

fútbol americano
fútbol americano

ciclismo
ciclismo

tenis
tenis

baloncesto
básquet

natación
natación

boxeo
boxeo

hockey sobre hielo
hockey sobre hielo

fútbol
fútbol

bádminton
bádminton

atletismo
atletismo

handball
handball

esquí
esquí

polo
polo

actividades
actividades

reír
reír
saltar
saltar
abrazar
abrazar
caminar
caminar
cantar
cantar
soñar
soñar
rezar
rezar
besar
besar

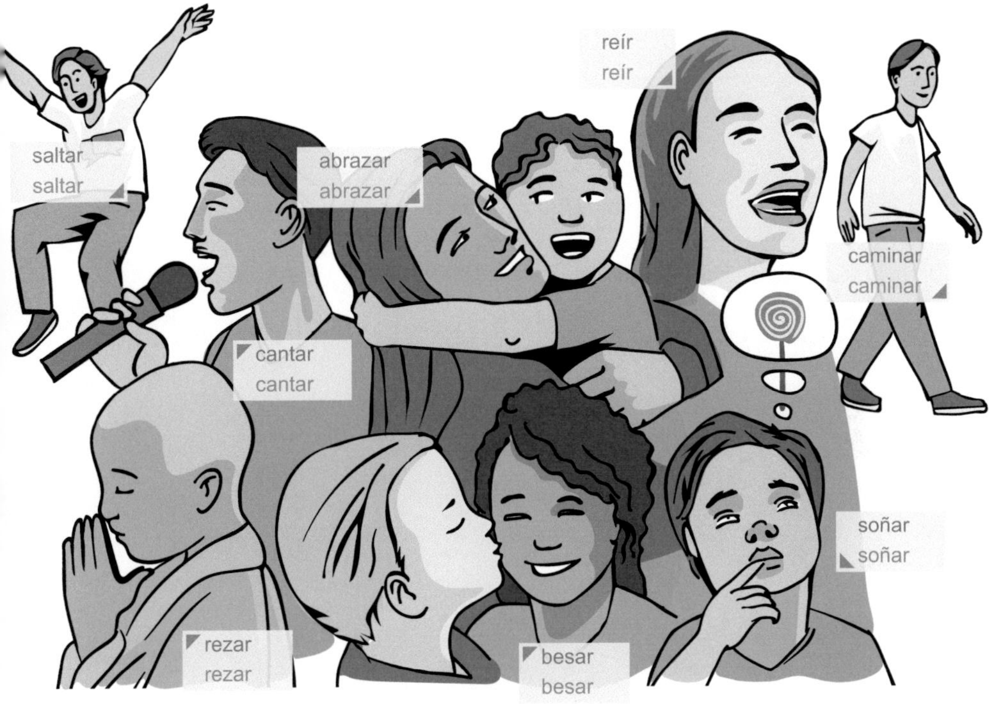

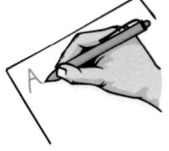

escribir

escribir

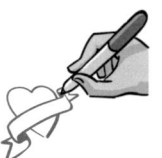

dibujar

dibujar

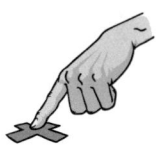

mostrar

mostrar

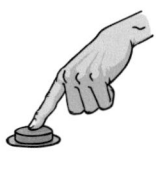

empujar

presionar

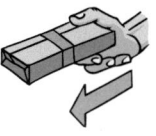

dar

dar

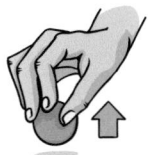

tomar

tomar

tener

tener

hacer

hacer

ser

ser

estar parado

estar parado

correr

correr

jalar

tirar

arrojar

tirar

caer

caer

estar acostado

estar acostado

esperar

esperar

llevar

llevar

estar sentado

estar sentado

vestirse

vestirse

dormir

dormir

despertar

despertar

mirar

mirar

llorar

llorar

acariciar

acariciar

peinar

peinar

hablar

hablar

entender

entender

preguntar

preguntar

escuchar

escuchar

beber

beber

comer

comer

ordenar

ordenar

amar

amar

cocinar

cocinar

conducir

manejar

volar

volar

actividades - actividades

navegar

navegar

calcular

calcular

leer

leer

aprender

aprender

trabajar

trabajar

casarse

casarse

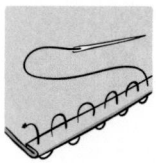

coser

coser

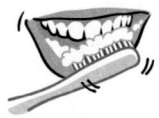

cepillarse los dientes

cepillarse los dientes

matar

matar

fumar

fumar

enviar

enviar

abuela
abuela

abuelo
abuelo

padre
padre

madre
madre

bebé
bebé

hija
hija

hijo
hijo

invitado

invitado

tía

tía

tío

tío

hermano

hermano

hermana

hermana

cuerpo

cuerpo

frente
frente
ojo
ojo
hombro
hombro
dedo
dedo
cara
cara
barbilla
pera
mano
mano
pecho
pecho
pierna
pierna
brazo
brazo

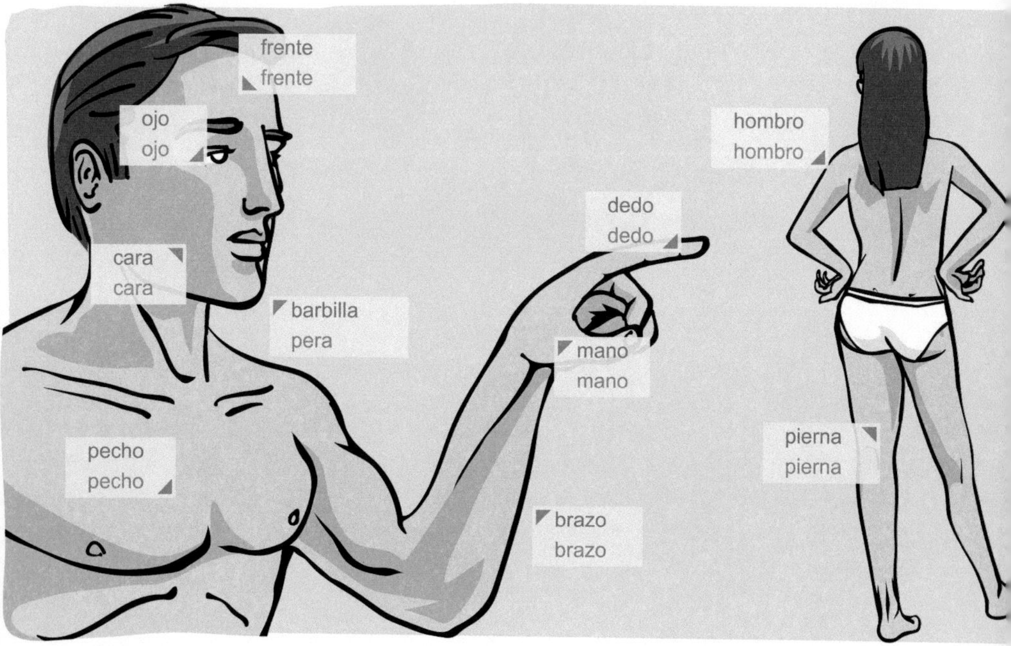

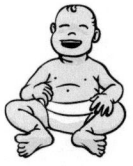

bebé

bebé

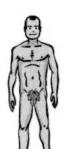

hombre

hombre

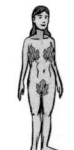

mujer

mujer

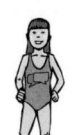

niña

nena

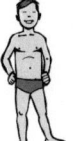

niño

nene

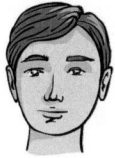

cabeza

cabeza

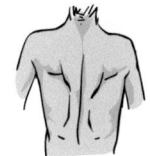

espalda
espalda

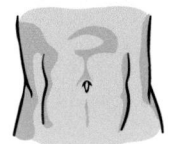

barriga
panza

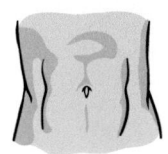

ombligo
ombligo

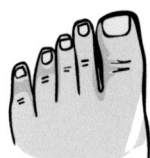

dedo dpie
dedo del pie

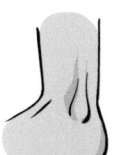

talón
talón

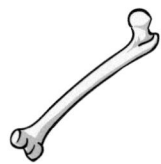

hueso
hueso

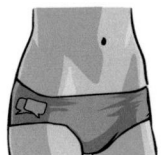

cadera
cadera

rodilla
rodilla

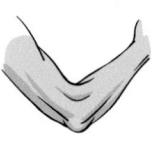

codo
codo

nariz
nariz

pompis
cola

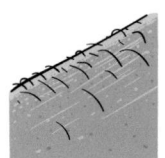

piel
piel

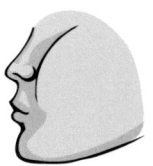

mejilla
cachete

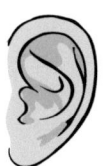

oído
oreja

labio
labio

boca

boca

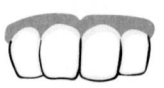

diente

diente

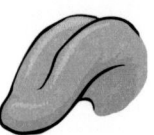

lengua

lengua

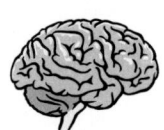

cerebro

cerebro

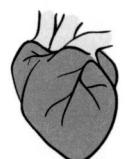

corazón

corazón

músculo

músculo

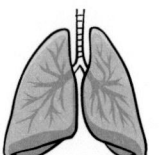

pulmón

pulmón

hígado

hígado

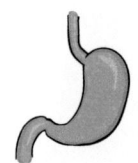

estómago

estómago

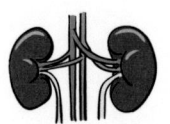

riñones

riñones

sexo

sexo

condón

preservativo

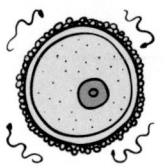

óvulo

óvulo

semen

semen

embarazo

embarazo

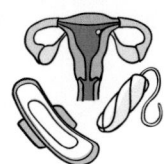

menstruación

menstruación

vagina

vagina

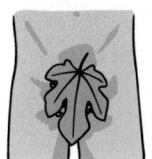

pene

pene

ceja

ceja

cabello

pelo

cuello

cuello

hospital
hospital

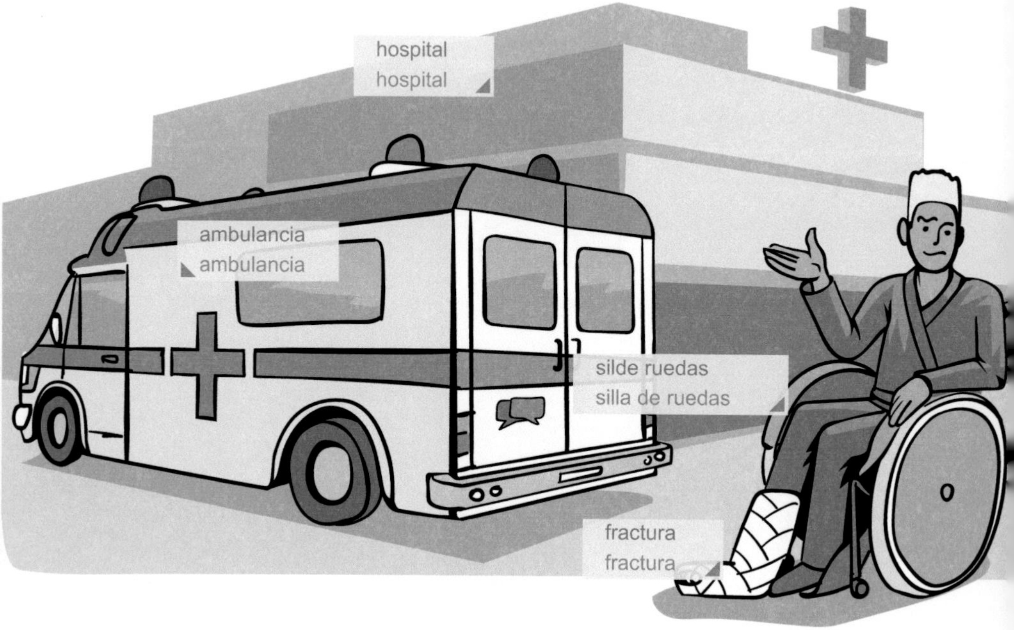

hospital
hospital
ambulancia
ambulancia
silde ruedas
silla de ruedas
fractura
fractura

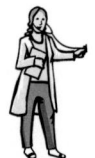

médico

médico

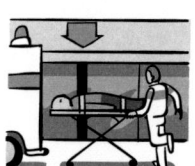

sade emergencias

sala de guardia

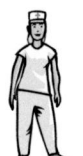

enfermera

enfermera

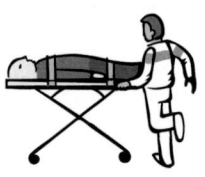

emergencia

emergencia

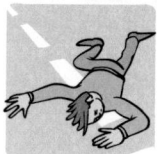

inconsciente

inconsciente

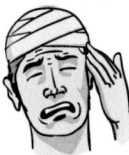

dolor

dolor

lesión

lesión

hemorragia

hemorragia

infarto

infarto

ccidente cerebrovascular

ACV

alergia

alergia

tos

tos

fiebre

fiebre

gripa

gripe

diarrea

diarrea

dolor de cabeza

dolor de cabeza

cáncer

cáncer

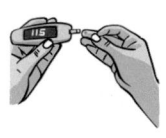

diabetes

diabetes

cirujano

cirujano

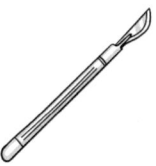

bisturí

bisturí

operación

operación

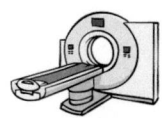

TC
TC

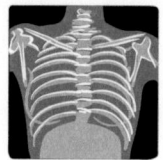

rayos x
rayos x

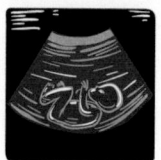

ultrasonido
ecografía

mascarilla
barbijo

enfermedad
enfermedad

sade espera
sala de espera

muleta
muleta

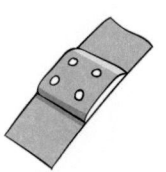

vendita
curita

vendaje
venda

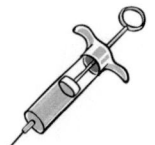

inyección
inyección

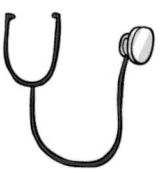

estetoscopio
estetoscopio

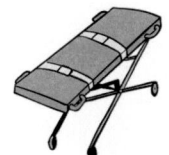

camilla
camilla

termómetro
termómetro

nacimiento
nacimiento

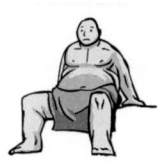

sobrepeso
sobrepeso

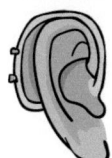

audífono
audífono

desinfectante
desinfectante

infección
infección

virus
virus

VIH / SIDA
VIH / SIDA

medicina
remedio

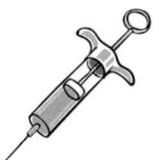

vacunación
vacunación

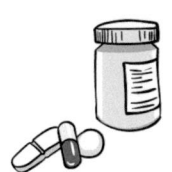

tabletas
comprimidos

pastilanticonceptiva
pastilla anticonceptiva

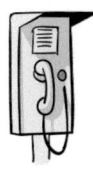

llamada de emergencia
llamada de emergencia

medidor de presión
tensiómetro

enfermo / sano
enfermo / sano

¡Socorro!

¡Ayuda!

alarma

alarma

agresión

agresión

ataque

ataque

peligro

peligro

salida de emergencia

salida de emergencia

¡Fuego!

¡Fuego!

extintor de incendios

matafuego

accidente

accidente

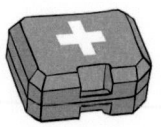

botiquín de primeros
auxilios

botiquín de primeros
auxilios

SOS

SOS

policía

policía

Europa

Europa

Norteamérica

América del Norte

Sudamérica

América del Sur

África

África

Asia

Asia

Australia

Australia

Atlántico

Atlántico

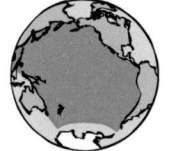

Pacífico

Pacífico

Océano Índico

Océano Índico

Océano Antártico

Océano Antártico

Océano Ártico

Océano Ártico

polo norte

polo norte

polo sur
....
polo sur

Antártida
....
Antártida

tierra
....
Tierra

tierra
....
tierra

mar
....
mar

isla
....
isla

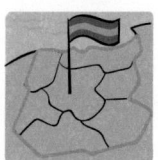

nación
....
nación

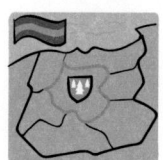

estado
....
estado

esfera
esfera

manecilde las horas
manecilla de las horas

minutero
minutero

segundero
segundero

¿Qué hora es?
¿Qué hora es?

día
día

hora
hora

ahora
ahora

reloj digital
reloj digital

minuto
minuto

hora
hora

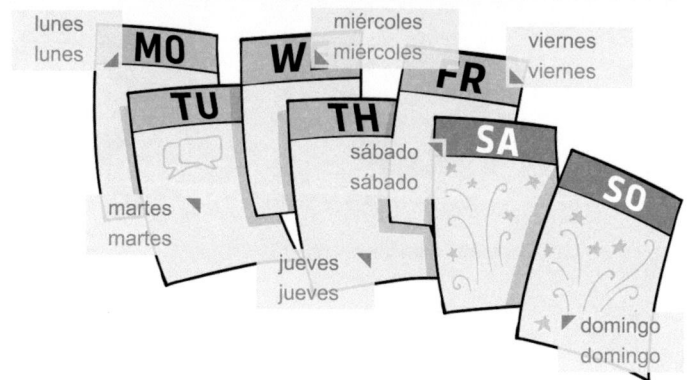

lunes
lunes

miércoles
miércoles

viernes
viernes

martes
martes

sábado
sábado

jueves
jueves

domingo
domingo

ayer

ayer

hoy

hoy

mañana

mañana

mañana

mañana

mediodía

mediodía

tarde

tarde

días laborables

días hábiles

fin de semana

fin de semana

lluvia
lluvia

arco iris
arco iris

viento
viento

nieve
nieve

primavera
primavera

otoño
otoño

verano
verano

invierno
invierno

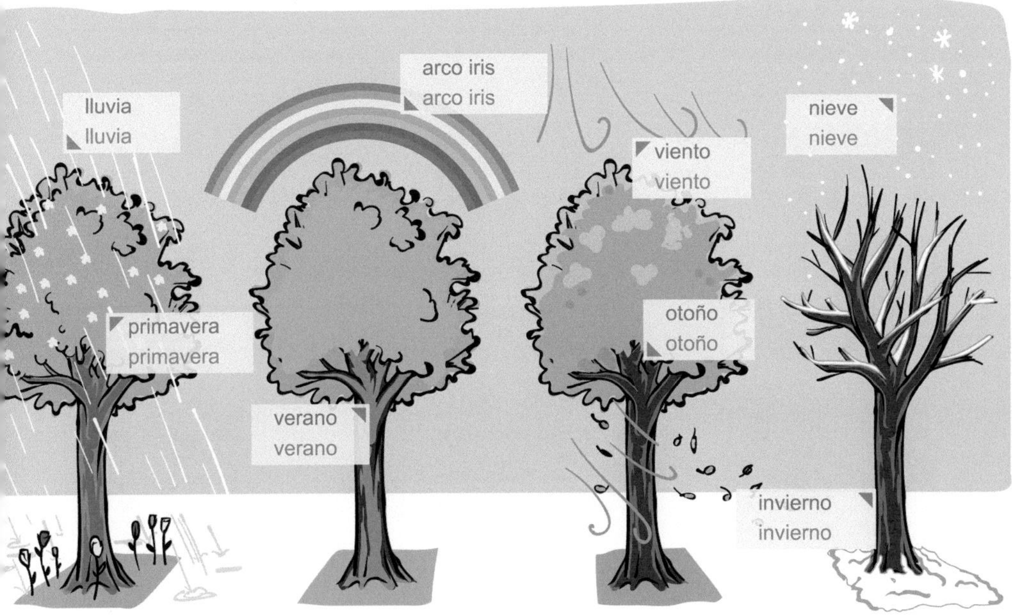

pronóstico dtiempo
ronóstico meteorológico

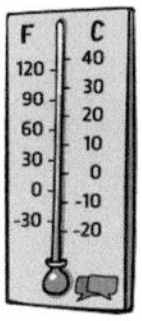

termómetro
termómetro

sol
luz del sol

nube
nube

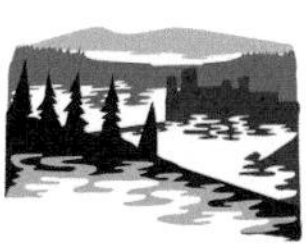

niebla
niebla

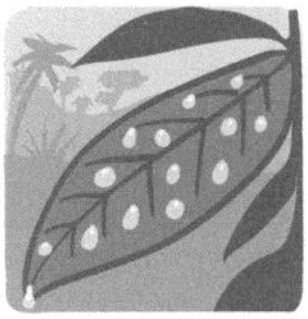

humedad
humedad

rayo

rayo

trueno

trueno

tormenta

tormenta

granizo

granizo

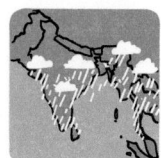

monzón

monzón

inundación

inundación

hielo

hielo

enero

enero

febrero

febrero

marzo

marzo

abril

abril

mayo

mayo

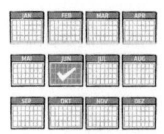

junio

junio

julio

julio

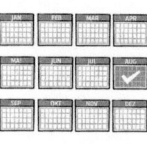

agosto

agosto

septiembre

septiembre

octubre

octubre

noviembre

noviembre

diciembre

diciembre

formas

formas

círculo

círculo

cuadrado

cuadrado

rectángulo

rectángulo

triángulo

triángulo

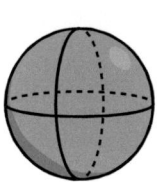

esfera

esfera

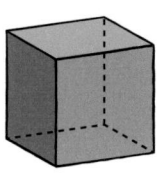

cubo

cubo

colores

blanco

blanco

amarillo

amarillo

naranja

naranja

rosa

rosa

rojo

rojo

morado

violeta

azul

azul

verde

verde

marrón

marrón

gris

gris

negro

negro

mucho / poco

mucho / poco

enojado / tranquilo

enojado / tranquilo

bonito / feo

lindo / feo

principio / fin

principio / fin

grande / pequeño

grande / chico

claro / oscuro

claro / oscuro

hermano / hermana

hermano / hermana

limpio / sucio

limpio / sucio

completo / incompleto

completo / incompleto

día / noche

día / noche

muerto / vivo

muerto / vivo

ancho / angosto

ancho / angosto

comestible / no comestible

comestible / no comestible

malo / amable

malo / amable

entusiasmado / aburrido

entusiasmado / aburrido

gordo / delgado

gordo / flaco

primero / último

primero / último

amigo / enemigo

amigo / enemigo

lleno / vacío

lleno / vacío

duro / blando

duro / blando

pesado / ligero

pesado / liviano

hambre / sed

hambre / sed

enfermo / sano

enfermo / sano

ilegal / legal

ilegal / legal

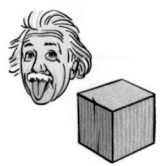

inteligente / tonto

inteligente / estúpido

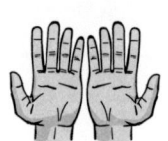

izquierda / derecha

izquierda / derecha

cerca / lejos

cerca / lejos

nuevo / usado

nuevo / usado

nada / algo

nada / algo

viejo / joven

viejo / joven

encendido / apagado

encendido / apagado

abierto / cerrado

abierto / cerrado

silencioso / ruidoso

silencioso / ruidoso

rico / pobre

rico / pobre

correcto / incorrecto

correcto / incorrecto

áspero / suave

áspero / suave

triste / contento

triste / contento

corto / largo

corto / largo

lento / rápido

lento / rápido

húmedo / seco

mojado / seco

caliente / frío

caliente / frío

guerra / paz

guerra / paz

opuestos - opuestos

0

cero

cero

1

uno

uno

2

dos

dos

3

tres

tres

4

cuatro

cuatro

5

cinco

cinco

6

seis

seis

7

siete

siete

8

ocho

ocho

9

nueve

nueve

10

diez

diez

11

once

once

12

doce

doce

13

trece

trece

14

catorce

catorce

15

quince

quince

16

dieciséis

dieciséis

17

diecisiete

diecisiete

18

dieciocho

dieciocho

19

diecinueve

diecinueve

20

veinte

veinte

100

cien

cien

1.000

mil

mil

1.000.000

millón

millón

inglés
....
inglés

inglés americano
....
inglés americano

chino mandarín
....
chino mandarín

hindi
....
hindi

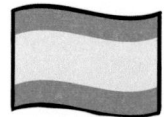

español
....
español

francés
....
francés

árabe
....
árabe

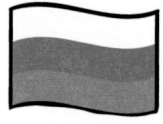

ruso
....
ruso

portugués
....
portugués

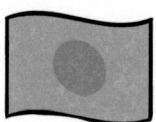

bengalí
....
bengalí

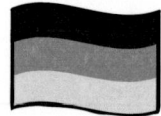

alemán
....
alemán

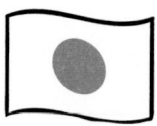

japonés
....
japonés

yo
yo

tú
vos

él / ella
él / ella

nosotros
nosotros

vosotros
ustedes

ellos
ellos

¿quién?
¿quién?

¿qué?
¿qué?

¿cómo?
¿cómo?

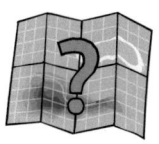

¿dónde?
¿dónde?

¿cuándo?
¿cuándo?

nombre
nombre

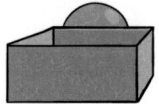

detrás

detrás

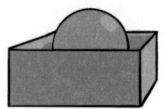

en

en

delante de

adelante de

por encima de

por encima de

sobre

sobre

debajo de

debajo de

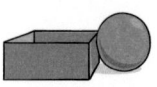

junto a

al lado de

entre

entre

lugar

lugar